¡ESE ES EL TRABAJO PARA MÍ!

¡VOY A SER BAILARINA DE BALLET!

POR MICHOU FRANCO

Gareth Stevens
PUBLISHING

Please visit our website, www.garethstevens.com. For a free color catalog of all our high-quality books, call toll free 1-800-542-2595 or fax 1-877-542-2596.

Library of Congress Cataloging-in-Publication Data

Names: Franco, Michou, author.
Title: ¡Voy a ser bailarina de ballet! / Michou Franco.
Description: Buffalo, NY : Gareth Stevens Publishing, 2025. | Series: ¡Ese es el trabajo para mí! | Includes index.
Identifiers: LCCN 2023033146 (print) | LCCN 2023033147 (ebook) | ISBN 9781482467581 (library binding) | ISBN 9781482467574 (paperback) | ISBN 9781482467598 (ebook)
Subjects: LCSH: Ballet dancing–Juvenile literature. | Ballet–Vocational guidance–Juvenile literature. | Ballerinas–Juvenile literature. | Ballet–Juvenile literature.
Classification: LCC GV1787.5 .F62 2025 (print) | LCC GV1787.5 (ebook) | DDC 792.8–dc23/eng/20230721
LC record available at https://lccn.loc.gov/2023033146
LC ebook record available at https://lccn.loc.gov/2023033147

Published in 2025 by
Gareth Stevens Publishing
2544 Clinton Street
Buffalo, NY 14224

Copyright © 2025 Gareth Stevens Publishing

Translator: Esther Sarfatti
Designer: Claire Zimmermann
Editor: Therese Shea

Photo credits: Cover, pp. 1, 7 antoniodiaz/Shutterstock.com; Series Art (background) Salmanalfa/Shutterstock.com; pp. 5, 21 VGstockstudio/Shutterstock.com; p. 9 PeopleImages.com - Yuri A/Shutterstock.com; p. 11 Charly Morlock/Shutterstock.com; p. 13 vgajic/iStock; p. 15 Igor Bulgarin/Shutterstock.com; p. 17 wundervisuals/iStock; p. 19 df028/Shutterstock.com.

All rights reserved. No part of this book may be reproduced in any form without permission in writing from the publisher, except by a reviewer.

Printed in the United States of America

Some of the images in this book illustrate individuals who are models. The depictions do not imply actual situations or events.

CPSIA compliance information: Batch #CS25GS: For further information contact Gareth Stevens, New York, New York at 1-800-542-2595.

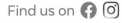

CONTENIDO

Quiero ser bailarina de *ballet* 4
Lo primero es estudiar 6
Unirse a una compañía 10
Los ensayos 12
Los espectáculos 14
Tiempo libre 16
Los bailarines principales 18
¡Yo puedo hacerlo! 20
Glosario 22
Para más información 23
Índice 24

Las palabras en **negrita** aparecen en el glosario.

Quiero ser bailarina de *ballet*

Me encanta bailar y me encanta el **espectáculo**. Me encanta la música y me encanta llevar **trajes** diferentes. Y, sobre todo, me encanta el *ballet*. Por eso, yo voy a ser bailarina de *ballet*. ¡Quiero contarte cómo lo voy a hacer!

Lo primero es estudiar

Comenzaré por tomar una clase en una escuela de baile. Aprenderé la técnica del *ballet*, o los movimientos y habilidades básicos. A medida que vaya aprendiendo, me presentaré a **competiciones** de baile. ¡Algunos ganadores consiguen **becas** para asistir a famosas academias, o escuelas, de *ballet*!

Las academias de *ballet* preparan a los jóvenes bailarines para hacerse bailarines **profesionales**. Algunas piden a los estudiantes que hagan una prueba para poder entrar en la academia. Una prueba es como un examen. En lugar de escribir, los bailarines bailan. Se les juzga por sus habilidades. Si tienen suficiente habilidad, podrán asistir a la academia.

Unirse a una compañía

Las academias de *ballet* entrenan a los estudiantes aún más. Cuanto mayores sean los estudiantes, más clases deben tomar. Después de estudiar un tiempo, se presentan a las pruebas para unirse a una compañía de *ballet*. Una compañía es un grupo de bailarines que ponen en escena un *ballet*. Cualquiera puede presentarse a las pruebas para unirse a una compañía.

Los ensayos

Las compañías pagan a los bailarines para que bailen delante de un público. Los bailarines suelen **ensayar** entre seis y nueve horas al día. ¡Son muchas horas de ensayo! Al principio, pueden aprender los papeles de varios *ballets* diferentes. Después, se **concentran** en el próximo *ballet* que van a representar.

Los espectáculos

Cuando llega la hora de representar un *ballet*, los bailarines siguen ensayando casi todos los días. El día del espectáculo, comienzan con un ensayo de unas tres horas. Al terminar las representaciones del espectáculo, los bailarines a veces tienen una semana libre. Después, comienzan los ensayos para el siguiente *ballet*.

Tiempo libre

Una compañía de *ballet* a menudo representa varios *ballets* al año. Después, los bailarines tienen un poco más de tiempo libre. Algunos bailan con otra compañía. Algunos enseñan *ballet*. Otros prefieren trabajar en algo completamente diferente. Así dejan que sus cuerpos descansen.

Los bailarines principales

La mayoría de los bailarines en una compañía comienzan en el cuerpo de baile. Bailan como parte del grupo. Según **progresan** los bailarines, pueden tener la oportunidad de hacer un **solo**. Los mejores bailarines en una compañía se convierten en los bailarines principales. Ellos representan los papeles más importantes en un *ballet*.

¡Yo puedo hacerlo!

Puede que tarde 10 años en unirme a una compañía de *ballet*. Mientras tanto, yo seguiré practicando. Me haré más fuerte. Aumentaré mi **resistencia**. Me presentaré a competiciones. Haré todo lo que pueda para hacerme mejor bailarina. ¡Nos vemos en el escenario!

GLOSARIO

ballet: un tipo de baile que se representa sobre un escenario y a menudo utiliza la danza y la música para contar una historia.

beca: dinero que se le da a un estudiante para que pueda pagar sus estudios.

competición: un evento en el cual las personas que participan tratan de ganar.

concentrarse: centrar la atención o el esfuerzo en algo.

ensayar: practicar lo que se va a representar en un espectáculo en otro momento.

espectáculo: una representación que se hace sobre un escenario delante de un público.

profesional: alguien que gana dinero de una actividad que muchas personas hacen solo para divertirse.

progresar: avanzar o mejorar en algo.

resistencia: la fuerza que alguien necesita a la hora de hacer algo durante mucho tiempo.

solo: un baile que representa una sola persona.

traje: la ropa que se utiliza en una representación.

PARA MÁS INFORMACIÓN

LIBROS

Allman, John Robert. *Boys Dance.* Nueva York, NY: Doubleday Books for Young Readers, 2020.

Bouder, Ashley. *Welcome to Ballet School.* Beverly, MA: Frances Lincoln Children's Books, 2020.

SITIOS WEB

Ballet
kids.britannica.com/kids/article/ballet/352818
Aprende más acerca de las posiciones y la historia del *ballet*.

¿Qué es el *ballet*?
www.pbt.org/learn-and-engage/resources-audience-members/ballet-101/what-is-ballet/
Lee acerca de los diferentes tipos de *ballet*.

Nota de la editorial a los educadores y padres: Nuestros editores han revisado cuidadosamente estos sitios web para comprobar que son apropiados para los alumnos. No obstante, muchos sitios web cambian con frecuencia, por lo que no podemos garantizar que los contenidos futuros cumplan con nuestros criterios de alta calidad y valor educativo. Les recomendamos que supervisen cuidadosamente a los alumnos siempre que tengan acceso a internet.

ÍNDICE

academia(s), 6, 8, 10

clase(s), 6, 10

compañía(s), 10, 12, 16, 18, 20

competiciones, 6, 20

cuerpo de baile, 18

ensayo(s), 12, 14

espectáculo(s), 4, 14

principales, 18

prueba(s), 8, 10

solo, 18

técnica, 6